SHIVA Y SHAKTI

~LA DANZA COSMICA~

CARLOS ADRIAN PIZARRO RIOS (RAM)

Fecha de revisión: 29/01/2014

Para realizar pedidos de este libro, contacte con:
Palibrio LLC
1663 Liberty Drive
Suite 200
Bloomington, IN 47403
Gratis desde EE. UU. al 877.407.5847
Gratis desde México al 01.800.288.2243
Gratis desde España al 900.866.949
Desde otro país al +1.812.671.9757
Fax: 01.812.355.1576
ventas@palibrio.com

SHIVA Y SHAKTI

~LA DANZA COSMICA~

DEDICATORIA

Mi vida entera esta dedicada a Dios, este libro quiero dedicarlo a todas las personas que Dios a puesto en mi vida, a mi Madre que su calidez alimenta mi corazón, a mi Padre que sus palabras alimentaron mi mente. A mis hermanos Miguel y Alejandro, que su compañía me hizo mas fuerte. A mis cuñadas que hicieron crecer mi familia. A mis sobrinos Angel, Aaron y Mateo, que me recuerdan la belleza de la inocencia. Quiero agradecer también al resto de mi familia, amigos y grandes maestros que me han acompañado en este camino, incluso a todos aquellos que no se encuentran físicamente conmigo pero los llevo dentro de mi corazón.

Aprovechando este espacio quiero reconocer el trabajo de mis padres, la fuente de la gran devoción que tengo por el camino espiritual, agradeciendo a dios el Angelote que puso a mi lado que llena cada día y cada noche mi corazón de amor y me permite experimentar en espíritu la danza cósmica de Shiva y Shakti, y que lo que no he podido expresar con palabras lo exprese mi corazón lleno de gratitud.

AGRADECIMIENTOS

Karma Teachers Mexico, por la oportunidad que me dio de compartir con otros el amor que la practica de yoga a hecho crecer en mi corazón.

Facebook: Karma Teachers Mexico Twitter: karmateachersmx

Maha Yoga, por los muchos planes que vienen por delante.

Facebook: Maha_Yoga Twitter: @mahayogaoficial

A **Celia Elizabeth Pizarro Moreno** y **Cesáreo Pizarro Moreno** por su valiosa aportación en la corrección de estilo.

A **Gabriela Zaldivar Zavala** por las maravillosas ilustraciones.

INDICE

"La paz y equilibrio ya están dentro de nosotros. El movimiento intenso es la furia y el vigor que llenan el universo. En una eterna danza, buscando que el baile y el bailarín se vuelva uno solo"

Este aspecto lo podemos ver a través de la relación de Shiva y Shakti, se expresan desde diferentes ángulos dan forma a la energía que se manifiesta en el universo, considerados para la corriente Tántrica como las dos fuerzas que se encuentran en un baile cósmico que soporta toda la existencia del universo.

PRÓLOGO

"No puedes escapar del mundo material mientras estés encadenado con la eterna transformación del mundo. Te hace actuar y reaccionar. No puedes ver su verdadera naturaleza. Has perdido contacto con tu esencia"

¿Alguna vez te has preguntado en qué forma fluye la energía en el universo? El objeto de este libro es describir la forma en que la energía se manifiesta desde la perspectiva mitológica de Shiva y Shakti, mediante el simbolismo que rodea a las deidades hindúes. Se describe la relación de los diferentes nombres que recibe la energía, además se exponen mitos que a pesar de tener una visión abstracta de las manifestaciones explican claramente el enfoque dual del mundo material.

La práctica de Yoga me ha enseñado que el conocimiento de uno mismo, puede ayudarnos a entender como fluir con el mundo que nos rodea.

Estamos limitados por nuestros sentidos, lo que nos dificulta el entendimiento de las manifestaciones energéticas y la interacción en este mundo. Por ello en el libro únicamente pretende crear el deseo en el lector de experimentar esa energía, entrar en contacto con ella y sentir esa paz inmensa que nos cubre de un amor incondicional.

Esto solamente es el inicio de una práctica encaminada a la mejora y aprovechamiento de la fuerza y el equilibrio entre cuerpo, mente y energía. Imaginemos que somos un instrumento musical, que debe ser afinado para hacerlo vibrar, estamos buscando entrar en un espacio amoroso constante.

La vida es como un juego, no sabemos lo que puede pasar al integrar la energía, no estamos buscando transformar nada, simplemente entender y percibir esa energía que forma parte de todos. Puede haber muchas más preguntas y detrás muchas más, pero el lograr sentir esa energía de forma consciente contestará esas preguntas.

Somos este espacio infinito, en nuestro centro somos luz, este libro solo es un instrumento para hacer un agujero en la coraza que nos cubre, con el objetivo de que el yoga entre a nuestro corazón.

PRIMERA PARTE
¿QUIEN ES SHIVA Y SHAKTI?: CONOCIENDO LAS FORMAS DE LA ENERGÍA

El Universo nace de una misma sustancia o energía, el principio absoluto **Shiva-Shakti.** Aunque los principios Shiva-Shakti **(consciencia y energía)** se separaron en el origen para dar nacimiento a la consciencia individual, siguen estando latentes en el ser humano en un continuo intento por fusionarse de nuevo para realizar o experimentar nuevamente la unidad de donde evolucionaron. Las diferentes formas que adquieren en su eterna danza cósmica, que deleita nuestros sentidos, asombra nuestra mente y despierta nuestra curiosidad. Aquel que es capaz de admirar la belleza de Shakti y el poder de Shiva en todo su esplendor, es sin duda un buscador de la verdad.

La verdad, solamente puede ser revelada cuando los opuestos se unen, el aspecto absoluto que se separó recibe muchos nombres, para aquellas personas que creen en la grandeza del ser humano, han tomado un camino espiritual que los llevara en la búsqueda del entendimiento de la energía, sus formas y su capacidad de creación.

La unidad, solo se puede lograr si somos capaces de entender como fluye la energía en el universo, experimentando estas reacciones en nuestro propio cuerpo. Debemos aprender a través de la intuición, dejar atrás limitaciones dadas por el intelecto humano, abrirnos a la gracia, superar las barreras impuestas por la mente, experimentar y el resultado de tan arduo trabajo traerá paz a nuestros corazones.

El mundo como lo conocemos está lleno de opuestos, es por eso que para nuestro intelecto la concepción de lo absoluto es difícil de comprender. La idea de dos energías presentes y activas en el universo, separadas pero trabajando de forma conjunta, nos permite comprender mejor cómo funciona la energía. Una de estas fuerzas es **Shakti,** *energía femenina,* es el aspecto creativo, dinámico, que adoptó la forma de **Kundalini,** *energía latente,* que se sitúa en la base de la columna vertebral del ser humano, Muladhara Chakra, esperando ser despertada.

Shakti acompaña siempre a **Shiva,** *que es la consciencia suprema,* que permanece como una cualidad estática, sin forma. Se alojó en el centro psico-energético situado en la zona superior de la cabeza, *Sahasrara Chakra.*

Despertar Kundalini (Shakti),y unirla con lo absoluto (Shiva), permitir que los dos enamorados estén al fin juntos. Independiente de la tradición religiosa, espiritual o meditativa que uno siga, es la meta de toda realización espiritual.

"En un principio solo se encontraba el Uno que por aburrimiento decidió dividirse y formar a Shiva (energía masculina) y a Shakti (energía femenina). Esta última decidió ir al mundo y al ver que Shiva la seguía comienza a jugar un juego eterno. Se convirtió en yegua y salió corriendo, Shiva se convirtió en caballo y corrió tras ella hasta atraparla, entonces se amaron y de ahí nació toda la raza de los caballos. Este juego lo jugaron mucho tiempo y el mundo se fue poblando gracias al amor de estos dos amantes. Finalmente Shakti se convirtió en mujer, Shiva en hombre y dieron nacimiento a la humanidad. Shakti al contemplar su alrededor y ver el hermoso mundo que había creado, riendo, dijo:—¡Yo soy todo esto!, Pues de mi ha salido …"

Mito hindú sobre la creación.

LOS MIL NOMBRES Y FORMAS DE LA ENERGÍA

En el universo existe una energía que continuamente está asumiendo nuevas formas. Para el *Tantra* a esa energía se le da el nombre de *Shakti;* fuerza femenina que se manifiesta de diversas formas, aunque en realidad se muestra como *Shiva,* su compañero, que es lo latente, lo masculino.

Cada vez que la energía adquiere una nueva forma, le damos otro nombre, *Kundalini, Prana, Nadis, Chakras, solo por mencionar algunos.* Las energías sutiles se condensan y se conocen entonces como tierra, agua, fuego, aire y espacio, proporcionándonos la experiencia del mundo denso. Esta forma de expresión de la energía lo crea Maya, que es el mundo en el que vivimos. La fuerza primordial de *Shakti* nos revela su verdadera forma cuando sucede el *despertar de Kundalini.*

Para muchos el conocer esa verdad inmutable, esa energía única, sustrato de todos los nombres y formas, por medio de la experiencia directa, es una de las maneras de describir en qué consiste la meta de la vida espiritual. Buscamos experiencia de la unión de *Shiva* y *Shakti,* de la creación y el terreno en que ésta ocurre, del femenino y masculino, aunque nunca han estado verdaderamente separados.

En esa búsqueda de encontrar las verdades mas profundas, descubrir la forma en la que el universo ha encontrado la armonía entre todos los elementos que lo componen; el experimentar en primera persona la unión con el todo, el sentirnos parte de la gran maquinaria que es el universo, no esa separación entre la luz y la calidez de los rayos de sol, entendiendo que son lo mismo y solo es una ilusión lo que nos hace disfrutarlos como un ente separado, únicamente lo podemos explicar si en lugar de estar buscando nombrar la energía la experimentamos con todo nuestro ser.

La naturaleza humana nos mueve a tratar de conceptualizar todo lo que vemos oímos, olemos, sentimos y probamos, es el modo en que nuestra mente busca entender el mundo que nos rodea. Las diversas maneras en las que se manifiesta la energía no es la excepción, para entender a *Shakti* y el proceso de *despertar Kundalini,* es muy conveniente comprender cómo hacemos uso del lenguaje. Mediante éste le damos un nombre nuevo o diferente a algo cuando su forma cambia.

Tomemos como ejemplo el sol, la fuente mas brillante de luz en nuestro mundo. *Sol* es el nombre que le damos a esa energía condensada que emite una fuerte cantidad de energía.

Cuando vemos esa energía a través de nuestros ojos la llamamos *luz solar*, si cerramos los ojos y percibimos esa energía a través de nuestra piel la llamamos energía *calorífica.*

Esa energía puede ser absorbida por celdas solares, cuando esa energía solar sale de las celdas por cables conductores se convierte en *electricidad*.

Cuando la electricidad llega a nuestros hogares se puede transformar en energía *mecánica, calorífica, sonido, solo por mencionar algunos,* recibiendo así diferentes nombres, por percibirla diversas formas.

Todo es una energía, su esencia sustenta todas sus formas, sin importar el cambió de nombre y modo en que la percibimos. Si te encuentras en una playa, acostado en la arena, sintiendo la luz del sol en el cuerpo, escuchando el océano, abanicándote la cara, la visión que tenemos de ella es diferente pero en esencia es la misma. De manera similar, existe una energía en el universo (Shakti) que también cambia su forma continuamente, y nosotros le damos un nuevo nombre cada vez que lo hace.

Trataremos de explicar a continuación como esa energía cambia de forma; es importante tomar en cuenta que diferentes maestros o linajes de yoga, o incluso algunas disciplinas holísticas usan terminologías disimiles, pero los principios esencialmente son los mismos. Lo que necesitamos es comprender claramente el proceso para ir a través de estos niveles, retornando hacia su origen.

Se le llama *Shiva* a la energía universal de la consciencia, esta energía también reside dentro de toda la creación. A la energía en movimiento se le conoce como Shakti.

Uno de los mayores aportes del Tantra y la meditación en Yoga, ha sido entender que existe una sola energía en todo el universo, y que nuestra tarea es conocerla experimentándola personalmente. Tal vez esta es la clave de toda la práctica de autoconocimiento.

La energía de Shiva permanece inmutable, es esa cualidad que nos une a todo lo creado sin importar la forma que tenemos. Shakti por su naturaleza, como ya se dijo, se encuentra en movimiento y constante cambio; debido a esto, aquellos que buscan entender el flujo de energía en el cosmos le han dado diversos nombres.

Desde el punto de vista del Yoga la única manera de entender este flujo energético, es a través del autoconocimiento, nuestro cuerpo es una representación en pequeño del universo entero, por lo tanto es una especie de laboratorio, que a través de la experimentación, generamos conocimiento y control de estas fuerzas, que trabajan de forma conjunta.

Shakti se transmuta mientras fluye en nuestro cuerpo. Cuando *Shakti* reside en un cuenco llamado *kunda* en la base de la columna vertebral se le denomina *Kundalini-Shakti*. Esa energía usualmente se le conoce solo con el nombre de *Kundalini*. A pesar de lo cual sigue siendo pura *Shakti*. La única diferencia, si es que la hay, es que *Shakti* está actualmente en el muladhara.

Una mínima cantidad de la energía *Kundalini* irradia desde su masa sutil a todo el cuerpo, como el vapor que sale del agua hirviendo, a esa energía radiante se le llama *Prana*. Ese *Prana* tiende a fluir a través de cierta estructura, estas estructuras o canales se llaman *Nadis*. Los miles de *Nadis,* con su *Prana* (que en realidad es una pequeña cantidad de *Kundalini,* y por tanto de *Shakti*) se entrecruzan aquí y allá. A los cruces mayores se les denomina *Chakras* y a los menores *Marmas* o *Marmashtanas.* Este entrecruzamiento es lo que da origen a la palabra chakra, cuya traducción literal es *rueda*. Los *Chakras,* generan cinco flujos de energía llamados *Vayus. Podríamos seguir conceptualizando las diferentes formas de energía que fluye en nuestro cuerpo, aún así seguiría siendo energía de Shakti.*

Con el *despertar de Kundalini (Shakti), ubicada en Muladhara Chakra; una transformación se genera. Esta transformación está relacionada con la calidad de las experiencias y de las percepciones. Por lo que cambian la mente, las prioridades y apegos. El karma entra en un proceso de integración.*

En su ascenso a través de los chakras la kundalini finalmente se une con la consciencia (Shiva) ubicado en Sahasrara Chakra. Cuando Shiva y Shakti se unen dentro de ti, conoces la experiencia suprema, el Samadi, lo que inicia un proceso de desarrollo que no tiene marcha atrás, toda esa fuerza que previamente estaba en un estado latente se hace evidente. Entonces tu conocimiento del flujo de las fuerzas que controlan el universo, está completamente absorbido por todo tu ser.

EL UNIVERSO

La energía en el universo es la causante de todo lo que conocemos, se manifiesta de diversas formas. Los científicos llamaron a esta expansión de la energía creadora del universo "big bang", en los Spandasutras o Yoga Spandakarika el nombre que recibe la realidad vibrante (universo), es Spanda, otro de los nombres de Shakti. Spanda la podemos definir como el pulso creativo sutil del universo, manifestándose de forma dinámica en la creación.

Dentro del Texto del Yoga Spandakarika describen la creación del universo o "big bang" de la siguiente manera: "La venerada Shakti, fuente de la energía, abre los ojos y el universo se reabsorbe en pura consciencia, los cierra y el universo se manifiesta en ella ..."

" . . . Shiva esta entonces en la unión amorosa con Shakti bajo la forma del conocimiento y de su objeto, mientras que por todas partes se manifiesta como pura consciencia"

Todas las cosas que emergen en el universo están impregnadas de Shiva y Shakti, otra forma de expresarlo científicamente es que la energía no se crea ni se destruye, solo se transforma. Las diferentes manifestaciones de esta energía primordial crea los planetas, galaxias, soles, lunas y todo lo que existe en el universo. La velocidad en la que vibra la energía, la dota de sus cualidades específicas, desde la sutileza de la luz, a su forma más burda expresada en el elemento tierra. La mezcla que existe entre esas diferentes manifestaciones crea nuevas sustancias a las cuales el ser humano ha tratado de definir y dar un nombre específico, de esa manera tenemos un concepto para todas las formas de energía que somos capaces de percibir con los sentidos y con los instrumentos que el hombre ha creado.

MAYA: LA ILUSIÓN CÓSMICA

Maya (ilusión cósmica), madre del mundo, la creación en su aspecto femenino, es Shakti en su danza cósmica intentando llamar la atención de su amado Shiva. Maya crea una ilusión que nos hace creer que existe división y limitaciones.

La siempre cambiante Shakti crea el mundo en el que vivimos, nuestras percepciones y la mente tratan de explicar estas manifestaciones de energía. Nuestros sentidos se encuentran limitados, incluso la deficiencia o falta de uno de ellos nos hace percibir los objetos de forma diferente. Esta insuficiente capacidad para ver la realidad crea la ilusión, la que definimos como el fragmento de la inmensidad del universo y sus formas que somos capaces de percibir con nuestros sentidos.

Explicando este concepto de otra manera, para los habitantes del hemisferio norte del planeta tierra es verano, mientras que para la otra mitad es invierno. Ambas son reales, pero están limitadas por el individuo, a esas percepciones erróneas o parciales de la realidad las llamamos ilusión.

A veces para ver la realidad es necesario cerrar los ojos y consentir conectarnos con la energía, permitir a nuestra intuición reconocer la unidad y armonía con la naturaleza. El hombre tiene la capacidad de conocer el cosmos a través del microcosmos representado por su cuerpo.

Maya es como una venda que cubre nuestros ojos, nos mantiene en un sueño divino. Es imposible salir a explorar el universo entero, pero es factible conocer completo nuestra esencia con el fin de saber la verdad.

Maya posee tres poderes. El primer poder es llamado el poder que oscurece, funciona sobre la verdad como una máscara o un telón. Incapaces de ver no podemos conocer el flujo de la energía en nuestro propio ser, por lo tanto es imposible saber el flujo en el universo.

El segundo, es el poder de proyectar. Las formas del mundo son proyectadas, así como la luz a través del prisma se refleja en un arcoíris de color. Una persona que jamás haya visto la luz blanca, no podrá imaginársela mirando estas siete luces multicolores que salen a través del prisma. Los seres humanos nos encontramos situados en un punto, que a través de los sentidos, solo somos capaces de ver el arcoíris, ignorando que no es más que un reflejo de la luz blanca.

El tercer poder de Maya tiene que ver con la revelación. Trascender maya nos permite alejarnos de todas las dualidades. Sin embargo, de este lado Maya encontramos al macho y la hembra, y a todos los otros pares de opuestos (dualidad).

SHIVA

Es el dios preferido de los yoguis y los ascetas, quienes se esfuerzan por parecérsele. Atractivo físicamente, es una de las razones por la cual la relación con Shakti se considera la mas solida; a *Shiva* se le representa a menudo meditando, sentado sobre una piel de tigre. Sobre su frente adornada con una luna creciente, su tercer ojo que quema todo lo que se le interponga. De su cabello brotan las aguas purificadoras del *Ganges*, de las que se apoderó cuando caían del cielo. En el cuello, que es azul por haberse tragado el veneno con el que los demonios querían destruir el mundo, lleva un collar de calaveras entremezcladas con serpientes. Su cuerpo es de una blancura extrema a causa de las cenizas con las que se cubre lo que le da un color azulado. Vestido con una piel de tigre, desapegado de cualquier posesión material

Sus cuatro brazos representan las cuatro direcciones del espacio. En dos de sus manos sostiene el tridente y un hacha. Con las otras dos hace el gesto de dar y de alejar el temor. Para ayudar a los dioses va a menudo armado con un arco, una maza guarnecida con una calavera, o un cordel para atar a los que le han ofendido.

MICROCOSMOS: LAS DISTINTAS CAPAS QUE FORMAN AL SER

Hemos aclarado que todo en el universo es energía en sus diferentes formas. Las expresiones más burdas de la energía componen el universo físico que captamos a través de los sentidos. Existen capas más sutiles como el mundo astral y causal. Para poder entender estos conceptos es necesario explicar como se manifiesta la energía en estos tres niveles en nuestro cuerpo.

Estas capas interdependientes entre si, podemos definirlas en términos comunes como el cuerpo, la mente y el espíritu. Cualquier acción en alguno de los estratos, es recibido de forma integral por el resto.

CUERPO FÍSICO

La verdadera naturaleza del ser humano es el alma, que es conocimiento puro y absoluto. Nuestro cuerpo físico, con el cual nos identificamos, al que llamamos "ser" o "yo", se encuentra sometido a las cualidades de la naturaleza (gunas), existen en nuestro cuerpo, con una alteración o redistribución de los elementos. Nuestro cuerpo manifestado en este mundo incluye los cinco elementos (tierra, agua, fuego, aire y éter), los cinco sentidos de percepción (oídos, ojos, nariz, lengua y piel) y los cinco órganos de acción (brazos, piernas, boca, órganos reproductores y excretores), y la mente. Esta manifestación de la energía es lo que nos permite interactuar en Maya o mundo de la ilusión, en donde nos encontramos, limitados por las leyes naturales.

El cuerpo físico es mas que materia inerte, minerales y sustancias químicas. La energía y fuerza que anima al cuerpo la recibe del cuerpo astral y este a su vez, recibe su poder de un cuerpo causal de consciencia pura. Los tres cuerpos están vinculados entre sí debido a la interacción entre fuerza vital (Shakti) y consciencia (Shiva), en los 7 centros cerebro-espinales o chakras que son un instrumento físico impulsado por energía (Shakti) del cuerpo astral y de la conciencia (Shiva) que viene del cuerpo causal.

El cuerpo físico está compuesto por la mezcla de 5 elementos: tierra, agua, fuego, aire y éter. Cada uno de nosotros tiene una combinación especial de estos elementos, que es el modo en que la energía se manifiesta. El elemento más burdo y solido es la tierra, la purificación de esta energía en sus formas mas sutiles crean las siguientes formas de energía el agua, el fuego, el aire, por último el mas sutil de todos los elementos el éter.

Cada uno de estos elementos corresponden a los 5 primeros chakras, existen otras dos formas de energía que son las más sutiles de todas, el sonido y la luz; que corresponden al 6 y 7 chakra respectivamente.

La combinación de estos elementos le da forma a las diferentes estructuras celulares. La célula es la unidad fundamental de todos los seres vivos. Su actividad es lo que constituye el proceso viviente. Científicamente hablando cualquier cosa menos compleja que una célula, no esta viva; cualquier cosa más compleja es una colección de células. La organización de estas células forman los tejidos, órganos, huesos, líquidos en el cuerpo. El funcionamiento total del organismo es resultado de la función celular magnificada. Esto es lo que conocemos como cuerpo físico, un trabajo de un elemento con vida (célula), trabajando en unidad.

El cuerpo físico es la primera manifestación de Shakti en su forma más burda, condensada. Este cuerpo físico esconde nuestra verdadera identidad Shiva (consciencia)

CUERPO SUTIL

El cuerpo sutil está formado por una extensa red de energías y la mente, siendo una réplica del cuerpo físico, constituido de prana, energía sutil. Esta energía universal o prana, impregna todo lo que existe, adoptando diversas formas que hacen posible la luz, el calor, y todas las existentes en el planeta. Para explicarlo de una manera clara esta capa la dividiremos en cuerpo astral y causal.

CUERPO ASTRAL

En el libro Vibrational Medicine (Bear and Company Rochester, Vertmon 2001) el Dr. Richard Gerber detalla un descubrimiento científico que explica la existencia del cuerpo astral, como un patrón de energía electromagnética organizador del cuerpo físico: "Existen en torno a los organismos vivos, tanto vegetales como animales"

En Blueprint for inmortality: The Electric Patterns of Life (Safforn Walden, Essex, Inglaterra, 1972), el profesor Harold S. Burr narra los pormenores de su investigación "Las moléculas y células del cuerpo humano se destruyen y reconstituyen de modo permanente con material nuevo proveniente de los alimentos que ingerimos pero gracias al efecto del campo L (de Life, vida), las nuevas moléculas o células se reconstruyen y distribuyen siguiendo el mismo patrón de las anteriores ..."

" ... el campo electromagnético del cuerpo hace las veces de matriz o molde, que conserva la forma u ordenamiento de cualquier material que se vierta en el independientemente de la frecuencia con que se efectúe el campo"

Esto explica de manera científica la forma en que el cuerpo astral de energía vital trabaja con nuestro cuerpo físico.

El cuerpo astral está compuesto de fuerza vital, que es el puente entre el cuerpo físico y la mente, es el camino por el cual las emociones y la mente a través de los flujos de energía se reflejan en nuestro cuerpo físico.

El cuerpo astral refleja los patrones emocionales y se traducen en comportamientos, actitudes y formas de pensar, patrones mentales que hemos creado debido a nuestra experiencia y las impresiones que han quedado en nosotros. En el cuerpo astral es donde se quedan grabadas las tendencias emocionales que marcan nuestro carácter, lo que nos hace valientes, amorosos y la deficiencia de virtudes, crea aspectos negativos como miedo, rechazo, culpa, incluso la ira.

Estas emociones son la fuerza magnética de la que hablábamos anteriormente, sus dimensiones son similares al cuerpo físico y refleja a cada instante lo que sentimos. De esta manera nuestro cuerpo físico muestra las emociones enconchado los hombros, creando una sonrisa en el rostro, enrojeciendo la cara de pena. Todo el abanico de sentimientos que puede llegar a sentir un ser humano puede expresarse físicamente el amor, alegría, dicha, gozo, placer, rabia, duda, celos, la codicia, por mencionar algunos.

Esta proyección del cuerpo astral es tan poderosa que determina las experiencias, situaciones, personajes y sucesos que se nos presentan. Es decir crea el Maya que percibimos a través de los sentidos. El cuerpo astral tiene la asombrosa facultad de filtrar nuestra visión del mundo exterior, atraer cosas para que sucedan en el mundo material.

La evolución del cuerpo astral solo se logra a través de la práctica constante de técnicas que nos permite el conocimiento y control de las fuerzas de Shiva y Shakti que se mueven en el universo.

CUERPO CAUSAL

La fuerza vital o la consciencia desciende primero al cuerpo causal, desde allí, a los centros espinales de luz y energía localizados en el cuerpo astral, conectados con el cuerpo físico a través del cerebro y la columna, dirigiéndose al exterior a través del sistema nervioso, los órganos y los sentidos, permitiéndonos entonces interactuar con el mundo y nuestro entorno material.

El cuerpo causal recibe ese nombre debido a que en el residen las causas de que nuestro cuerpo astral y físico se manifiesten. Es el causante de la actitud general que asumimos hacia la vida y las acciones que tomamos. Lo que nos vuelve individuos es el poseer este cuerpo, que tiene por objeto construir y desarrollar la materia en los planos físico y astral, es decir es la energía que se manifiesta y se pone en movimiento para crear. El cuerpo causal es el receptáculo de todo lo duradero e inmutable (Shiva) la manifestación de esa energía es Shakti (cuerpo físico y astral).

Para poder manipular la energía como individuos son necesarios una serie de ejercicios y técnicas que nos ayuden a comprender y manejar estas capas, que forman nuestro ser. En yoga existen diferentes maneras de trabajar con cada uno de los cuerpos, es importante que una ves que se ha decidido tomar el camino del yoga en cualquiera de sus manifestaciones, se siga adelante pues el recorrido puede ser sinuoso, pero vale la pena recorrerlo.

SEGUNDA PARTE
LA DANZA CÓSMICA DE SHIVA Y SHAKTI: FORMAS DE MANIPULAR LA ENERGÍA

Shiva Nataraja, el señor de la danza, realizador de la frenética danza tandava, bailará hasta el fin de la cuarta era, la de la ignorancia; para destruir el universo y prepararlo para iniciar el proceso de la recreación. Esta danza de Shiva se plantea como un baile de destrucción-creación. *Shiva baila el tandava,* el baile sagrado con cuyos pies destruye y con sus manos crea. Con un tambor en forma de reloj de arena marca el ritmo de su danza cósmica mientras aplasta con su pie derecho las pasiones que hacen sufrir a los hombres. Un ser dividido en dos, el que hace y deshace.

En su mano superior izquierda el *fuego o Agni,* que representa la destrucción de los mundos, en la que sostiene una media luna. Es el contrapunto al *damaru (*tambor), en la mano superior derecha, sobre la cual toca y produce las vibraciones de las que emanan los ritmos y ciclos de la creación, da forma al universo por medio del sonido.

La mano inferior derecha en *abaya mudra,* el cual bendice, protege y ahuyenta todo temor, es también una indicación de no temer. *La salvación,* es lo que simboliza la posición de la mano inferior izquierda.

El poder de ocultar, es aquel que esconde la verdad, permitiendo así el crecimiento y eventual cumplimiento del destino, representado por el pie derecho parado sobre el demonio postrado en el piso. El poder de revelar brinda conocimiento y libera el espíritu que está representado por el pie izquierdo levantado y la mano izquierda hacia abajo como una trompa de elefante.

Puede llevar en su cabello una sirena, una calavera, una cobra o una luna creciente. Los tres ojos simbolizan el sol, la luna y el fuego o los tres poderes; crear, preservar y destruir. Dos ojos representan el mundo de dualidad mientras que el ojo del centro muestra la visión de no-dualidad. Su sonrisa indica una transcendencia imperturbable.

La danza de Shakti es por amor, Shiva podía pasar milenios danzando, lo mismo que meditando. Cansada de esperar, Shakti danza con su estilo especial femenino, con suavidad, fluidez, sensualidad y unión con el espacio. Esto indudablemente hace despertar a Shiva (consciencia), de su estado profundamente meditativo, de esta manera Shiva se dio cuenta que había algo hermoso en el universo, y que podía seguir su meditación, unido al mundo (Shakti). Al final esta unión entre ambas energías es amor.

De esta manera en la que Shiva y Shakti fluyen en esta danza cósmica, los seres humanos tenemos la capacidad de controlar y manipular la energía, después de todo somos energía. Podemos manejar las diferentes formas en las que se manifiesta la energía con diferentes técnicas, entre ellas las asanas buscan el control del cuerpo, el pranayama la respiración, los mantras aportan energía adicional para abrir los centros energéticos o chakras, siendo los mudras un auxiliar para dirigir la energía a un objetivo en particular.

NOV-2013.

"La aparición de las asanas en la Tierra ocurrió cuando un pez (Mat-sya) presenció como el dios Shiva enseñaba a su Shakti los ejercicios de yoga. Shiva manipulo su cuerpo en 8,400,000 formas cada una representando una forma de la creación. Estas posturas, energetizan el cuerpo, revelan los pulsantes instintos animales dentro de él, aquellos que deben ser controlados. También revelo la manipulación de la respiración. El pez imitó a Shiva y al practicar los ejercicios se transformó en hombre."

Leyenda hindú

UNA VISIÓN DIFERENTE DEL CUERPO HUMANO

La visión dinámica del universo, una actitud diferente hacia el cuerpo humano y la existencia física en general, nos permite asumir que ningún objetivo puede lograrse sin el cuerpo; y que a través de este cuerpo físico y con la interacción de las fuerzas energéticas que trabajan en el puede adquirirse el conocimiento de la realidad

Al tratar de explicarnos como la energía se manifiesta a través de nuestro cuerpo encontramos Hatha Yoga. El vocablo *hatha* proviene de las raíces *ha* y *tha* (sol y luna). Está referido a las dos cualidades, solar y lunar del fluido o prana vital del cuerpo. Es el yoga de la fortaleza y armonía del cuerpo. En este sentido, es el equilibrio entre la respiración solar o de la fosa nasal derecha y la respiración lunar o de la fosa nasal izquierda. Asimismo puede traducirse como la unión de las energías Shiva y Shakti.

El principal objetivo del Hatha Yoga, es lograr el máximo equilibrio entre el cuerpo físico, la mente y la energía vital, o prana. Pretende, no sólo fortalecer el cuerpo, sino también armonizar y equilibrar todo el sistema nervioso con una serie de ejercicios en los que interviene la respiración (pranayama). También se incluyen determinadas purificaciones corporales (kriya) y trabajos gestuales (mudra). Actúa fundamentalmente sobre el cuerpo físico y la respiración, procurando una salud perfecta.

En Hatha Yoga se comienza disciplinando el cuerpo, lo que resulta más asequible que tratar directamente con la mente. El equilibrio físico producido, otorga un nivel relajado y ecuánime.

Siendo el cuerpo físico con el cual el ser humano esta mayormente identificado. El asana se vuelve de suma importancia para intentar entender la forma en la que la Shakti fluye a través de nuestro cuerpo. Asana (postura física) deriva de la raíz sánscrita *"as"*: sentarse. Se debe distinguir asana como concepto y asana como técnica. Como técnica, su naturaleza estática denota postura o asiento cuyos efectos son estabilidad, salud y liviandad (tanto física como mental). Como concepto metafísico, se interpreta como "establecerse en el estado original"

El asana es el primer intento consiente de control de energía para muchos, por lo cual el asana tiene dos facetas; posar y reposar. Posar es asumir artísticamente una posición. Reposar significa hallar la perfección de la postura y mantenerla, cuando el practicante se encuentra centrado, puede realizar el asana con extensión, reposo y equilibrio instantáneo.

El esfuerzo físico y energético que requiere dominar el asana implica horas, días, meses incluso años de trabajo. Cuando ese esfuerzo forzado es dominado, entonces hemos alcanzado la perfección en el asana y empezamos a dominar los flujos de energía en el cuerpo. Mientras se realiza un asana se debe relajar el cerebro, activar órganos vitales, músculos y esqueleto. Entonces la inteligencia y consciencia (Shiva y Shakti) podrán alcanzar todas las células del cuerpo.

Esta conjunción de esfuerzo, equilibrio y concentración nos obliga a vivir intensamente en el momento presente, algo poco común en la actualidad. Para un estudiante avanzado de yoga el observar el flujo de energía en un dedo del pie y ajustar el flujo de energía en los tres canales principales (ida, pingala y sushumna), significa percibir el orden macrocósmico de la naturaleza en los aspectos mínimos. Al aprender como estos pequeños cambios pueden modificar un asana, se despierta la capacidad de observar la interrelación del microcosmos con el todo, y se comprende la estructura del universo.

EL PODER DE LA RESPIRACIÓN (PRANAYAMA)

La energía y la vida están interconectadas, la palabra que engloba estos dos conceptos es prana. La respiración profunda y consciente es una herramienta que potencializa los procesos energéticos del cuerpo, así se reparan daños, se eliminan toxinas y combate eficazmente las enfermedades.

La respiración fluye de manera irregular, depende de las emociones y el entorno. Este flujo respiratorio comienza a ser controlado mediante un proceso deliberado con los diferentes ejercicios; dicho control crea facilidad en el flujo de entrada y salida de aire. Cuando logramos hacerlo con facilidad, debemos comenzar a regular la respiración con atención. A este proceso se le conoce como pranayama.

Prana significa *fuerza vital y ayama es ascensión, expansión y extensión,* por lo tanto pranayama es la expansión de la fuerza vital mediante el control de la respiración.

Patanjali afirma que: "debe llevarse a cabo una progresión de asana a pranayama". Declara que: "pranayama debe intentarse sólo después de alcanzar la perfección en asana". Esto se debe a que el asana prepara al cuerpo físico para la manipulación de la energía a través de la respiración.

En pranayama, los músculos de la espalda y la columna vertebral serán la fuente de manipulación de la respiración y los pulmones los órganos receptores de esta energía a nivel físico. Por lo tanto los pulmones deben ser entrenados, educados y tonificados para crear espacio y estimular los nervios raquídeos a fin de extraer energía de la respiración. La práctica de asana (estructura base del Hatha Yoga), es esencial para extraer los máximos beneficios del pranayama con el menor esfuerzo.

La composición física de la que estamos hechos permite crear una estructura que permite manipular la energía, el elemento tierra, es representado por la columna vertebral, actuando como terreno base de la respiración. La distribución y creación de espacio en el torso es el elemento éter. La respiración es representada por el aire. Fuego y agua son elementos opuestos por naturaleza. La práctica del pranayama tiene como objetivo fusionarlos para producir energía.

La energía en forma de prana tiene tres componentes naturales: inspiración, espiración y retención. Elementos claves y fundamentales para el control de la energía. La práctica de pranayama tiene como objetivo apartar el velo de la ignorancia, es decir, aclarar la mente y convertirla en un instrumento afinado y listo para meditar; es por esto que el pranayama es uno de los elementos mas importantes en la práctica de Yoga. Lo que da como resultado la unión de Shiva y Shakti.

"Uno es la esencia de todo, y fluye dentro de nosotros. Sol y luna, unidos son la vibración primordial de la cual fluye toda la creatividad. Grande es el éxtasis cuando se encuentra esa sabiduría suprema"

NADIS

Shiva y Shakti son representados por el sol y la luna, sus cualidades ascienden en forma de energía en nuestro cuerpo como dos serpientes que al fusionarse se transforman en una fuente de energía inagotable.

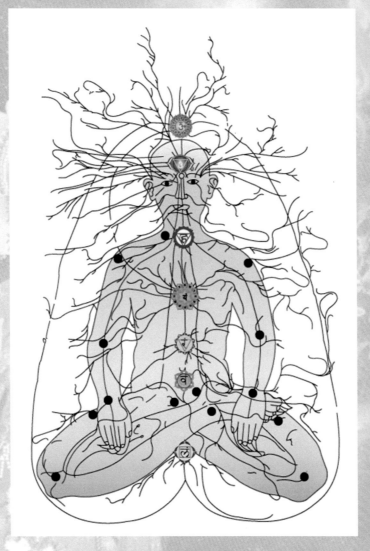

SUSHUMNA

Es canal central ubicado a lo largo de la columna vertebral, está relacionado con el *sistema nervioso central*. Se origina en Muladhara Chakra, en el periné, asciende a través de la columna vertebral atravesando todos los chakras y termina su trayecto en Sahasrara Chakra, en la parte superior de la cabeza. Es el camino por donde asciende Kundalini.

IDA

Es el *nadi lunar* que conduce la *energía mental* o Manas Shakti. Es una energía fría, femenina que se relaciona con este nadi. Parte del lado izquierdo de Muladhara Chakra, asciende por Sushumna, serpenteando, atraviesa los chakras, pasa por la fosa nasal izquierda y termina su trayecto en Ajna Chakra, enfrente del entrecejo.

La parte del hemisferio cerebral derecho, está vinculado con *el nadi ida y la fosa nasal izquierda.* El hemisferio cerebral derecho es responsable de la orientación en el espacio, el conocimiento intuitivo, la creatividad, la sensibilidad artística, las percepciones extrasensoriales y rige la parte izquierda de nuestro cuerpo.

Este nadi gobierna el funcionamiento del *sistema nervioso parasimpático,* que es el encargado de relajar las funciones corporales y conservar la energía. El sistema parasimpático actúa como una especie de freno biológico, que entre otras funciones, ayuda a relajar los músculos superficiales, disminuye la temperatura exterior del cuerpo, hace más lento al ritmo cardíaco, al mismo tiempo que envía información a las vísceras para que pongan en marcha la digestión y la asimilación de nutrientes.

PINGALA

Es el *nadi solar,* que conduce la *fuerza vital* o Prana Shakti, es una energía masculina y cálida. Parte del lado derecho de Muladhara Chakra, asciende por la columna, entrecruzándose con Ida y Sushumna en los chakras; pasa por la fosa nasal derecha, hasta terminar su trayecto en Ajna chakra. La fosa nasal derecha y el nadi Pingala se relacionan con el *hemisferio cerebral izquierdo,* del cual depende la mente racional, la expresión verbal y la habilidad matemática, entre otros. El hemisferio cerebral izquierdo controla la parte derecha del cuerpo.

Pingala está asociado al sistema *nervioso simpático,* que juega el papel de acelerador, preparando al organismo para la interacción con el mundo externo. El sistema nervioso simpático energiza todo el cuerpo exteriorizando la consciencia. Entre otras funciones activa el ritmo cardíaco, aumenta la tensión muscular y la temperatura corporal.

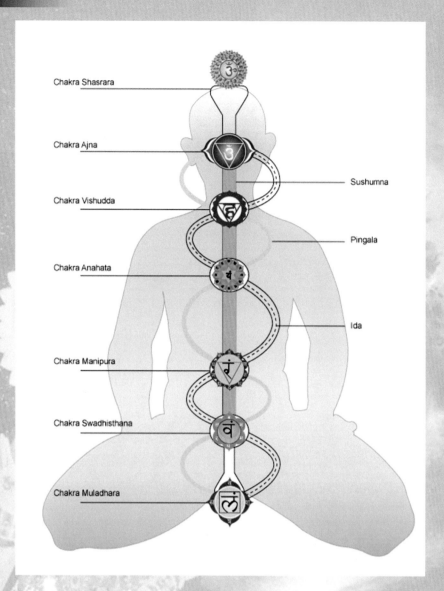

Chakra Shasrara

Chakra Ajna

Sushumna

Chakra Vishudda

Pingala

Chakra Anahata

Ida

Chakra Manipura

Chakra Swadhisthana

Chakra Muladhara

La energía de los nadis se encuentra en movimiento en todo nuestro cuerpo energético. La actividad de los nadis *Ida y Pingala* fluctúa a lo largo del día y la noche. El flujo respiratorio va alternando de una fosa a otra en intervalos de una a dos horas. Este ligero predominio de actividad en una fosa u otra asegura el equilibrio del todo el conjunto cuerpo—mente y se ve condicionado por distintas variables como la posición del sol y la luna, el clima. Es la interacción del mundo exterior con toda actividad que se está desempeñando a diario, en cada momento.

Un desequilibrio debido a exceso de calor o frío en el organismo se puede detectar cuando la respiración de una fosa prevalece durante un tiempo superior a dos horas. La alternancia adecuada de la respiración nasal, garantiza el equilibrio de la temperatura corporal y de todas las funciones fisiológicas.

No solo la parte física es afectada por el flujo de energía en Ida y Pingala, del mismo modo, la actividad mental está condicionada por la respiración nasal. Cuando se *iguala el flujo respiratorio* en ambas fosas nasales de manera natural o por la práctica del Yoga,

Ida y Pingala se equilibran dando lugar a la activación del flujo de prana en sushumna nadi. El efecto es la activación de la tercera fuerza o energía espiritual, conocida como *Kundalini,* esta puede ser despertada y dirigida a través de Sushumna hasta Sahasrara Chakra, trascendiendo el estado mental ordinario para dar paso a niveles de consciencia superiores, el encuentro, la *comunión entre Shiva y Shakti.*

"El viaje en una tierra extranjera, con un mapa dado por un amigo que ha estado ahí, hace que la fe crezca, tanto en el amigo como en el mapa. Ten fe en aquel que ha viajado en ese camino antes que tu"

A.C. Bhakivedanta Swami

GRANDES CENTROS ENERGÉTICOS (CHAKRAS)

Para experimentar un mundo en equilibrio es necesario balancear nuestra energía, el primer paso para encontrar el balance entre la energía de Shiva y Shakti, comienza con la intención de unir la consciencia (shiva), con la energía kundalini (Shakti), que se encuentra latente en muladhara chakra.

La palabra *Chakra* es una palabra en sánscrito que significa rueda o disco, estos vórtices o *remolinos de consciencia-energía* en donde se enlazan las distintas envolturas del ser humano. Los nadis transportan la energía, los diferentes chakras se encargan de acrecentarla y transformarla y dirigirla a las partes del cuerpo que las necesitan. Cada uno de estos chakras están relacionados con aspectos físicos y sicológicos de nuestra persona.

Estos vórtices de energía en movimiento circular permanente, produce que la energía sea atraída hacia el interior de los chakras. Si el sentido de giro cambia, la energía es radiada partiendo de los chakras.

Los chakras pueden girar hacia la derecha o hacia la izquierda. Aquí puede reconocerse un principio contrapuesto en el hombre y la mujer, o una complementación en la expresión de energías, puesto que los mismos chakras que en el hombre giran hacia la derecha (en el sentido de las agujas del reloj) en la mujer giran a la izquierda. Todo giro a la derecha tiene como peculiaridad un predominio de la cualidad masculina, una acentuación del yang, representa voluntad y actividad, en su forma negativa de manifestación agresividad y violencia.

Todo giro a la izquierda tiene un predominio Yin, representa sensibilidad y acuerdo y en su aspecto negativo debilidad. Los chakras generan, acumulan, transforman y distribuyen el prana dentro del sistema energético, siendo también puertas de intercambio entre el hombre y el macrocosmos. Se localizan en la parte posterior del cuerpo, alineados a lo largo de todo el eje de la columna vertebral, desde el periné, hasta la parte superior de la cabeza. Trabajan en estrecha relación con los nadis, canales psicoenergéticos que se extienden por todo el cuerpo y al igual que estos, no pertenecen a la estructura del cuerpo denso, sino a la del cuerpo sutil. No obstante, tienen una total vinculación con el cuerpo físico, de manera que los principales chakras están asociados, no identificados, con los plexos nerviosos y glándulas endocrinas más importantes. La actividad del chakra rige el funcionamiento de sus glándulas y plexo asociados, los cuales a su vez influyen en el chakra. Cuando un chakra despierta, actúa como una especie de interruptor que pone en marcha un nivel de conciencia superior. Cada chakra se relaciona con un determinado nivel de conciencia, abarcando desde los aspectos más burdos e instintivos (chakras inferiores), a las cualidades más sutiles (chakras superiores).

Existen cientos de vórtices de energía los cuales son utilizados en acupuntura para corregir desequilibrios energéticos. Para los practicantes de Yoga son 7 los mas importantes y corren a lo largo de la columna vertebral y la cabeza, estos son: Muladhara, Swadhisthana, Manipura, Anahata, Visuddha, Ajna y Sahasrara.

Para dominar la energía en nuestro cuerpo es necesario controlar nuestros chakras. La energía que fluye es como un río, con sus múltiples ramificaciones llevando la vitalidad a todos los rincones de nuestro ser. Los chakras son como estanques, en donde el agua converge; si no existiera nada que perturbara esos estanques el agua correría limpia y pura. Sin embargo, la vida es confusa, al igual que los pensamientos, estamos envueltos en una dinámica en la cual las emociones se encuentran alteradas, nuestra energía (Shakti) atorada en esos estanques y la kundalini durmiendo.

Si somos capaces de limpiar esos canales (nadis), la energía es capaz de fluir limpia y pura. Las emociones son la principal causa de bloqueo de nuestros centros energéticos; abrir los chakras es una experiencia intensa, una vez que se inicia este proceso debemos continuar hasta abrir los 7 chakras principales, es necesario que el practicante este preparado e instruido en el camino del Yoga, recordemos que la unión de Shiva y Shakti da origen a esta danza cósmica en la que la energía y la consciencia encuentran su unidad.

Los miedos evitan que la energía fluya libremente, estos bloqueos impiden interactuar de forma ecuánime ante los retos que se presentan, evitan que podamos utilizar todo el potencial con que se cuenta, por lo tanto crea más inseguridades.

MULADHARA CHAKRA

El miedo es el primer reto que encuentra Shakti (Kundalini), en su ascenso por sushumna. Los sentidos seducen a Shakti y la llenan de placeres. Este bloqueo impide el libre tránsito de energía en muladhara chakra.

El primer chakra está ubicado entre el ano y los genitales. Está unido con el hueso coxal y se abre hacia abajo. Su nombre quiere decir base o soporte. Es donde se asienta la energía Kundalini. Está asociado con los impulsos de supervivencia, y su función es la de ayudarnos a mantener el contacto con nuestro cuerpo y necesidades básicas.

Este chakra es el menos relacionado con el ámbito espiritual y de lo sutil. Un exceso de energía produce un apego excesivo a lo material. La falta de energía produce que seamos muy soñadores a desatender nuestras necesidades físicas e incluso a fugarnos de la realidad.

Color: rojo fuego.

Elemento: Tierra

Función sensorial: Olfato

Símbolo: Loto de cuatro pétalos.

Principio Básico: Voluntad corporal para ser (opuesto a la voluntad espiritual de ser en el séptimo chakra.)

Correspondencias corporales: Huesos, dientes, uñas, ano, recto, intestino grueso, próstata, sangre y estructura celular

Glándulas correspondientes: Suprarrenales

Mantra: LAM

Yoga: Hatha, Kundalini.

SWADHISTHANA CHAKRA

La culpa es el segundo reto que enfrenta Shakti en su camino por encontrar a su amado Shiva, hay que aceptar la realidad las cosas pasan y lo único que debemos hacer es aprender de nuestros errores y no culparnos por ellos, ni permitir que envenenen nuestra energía, si queremos ser una influencia positiva tenemos que aprender a perdonarnos.

El segundo chakra está ubicado encima de los genitales, ligado al hueso sacro y se abre hacia adelante. También conocido como chakra sexual significa "la morada del ser". Es el centro de la energía sexual, de la protección y de la regeneración. Influye en los pensamientos, emociones y la conducta; tiene que ver con los actos de expresión del ser. La energía generada por Muladhara chakra asciende a Swadhistana y adquiere una modalidad sexual relacionada con conservar la especie.

El exceso de energía usualmente provoca pensamientos obsesivos de tipo sexual. La falta de energía produce apatía y falta de motivación, en ocasiones nos hace carecer de pasión y empuje. Si se encuentra equilibrado nos permite generar pensamientos y acciones nuevas y originales, apasionarnos por lo que hacemos y ser creativos en todos los aspectos de nuestra vida.

A partir de este chakra y hasta el sexto tienen un aspecto anterior (Capta la energía del ambiente) y uno posterior (la administra y organiza)

Color: Naranja.
Elemento: Agua
Función sensorial: gusto
Símbolo: Loto de seis pétalos.
Principio Básico: Propagación creativa del ser
Correspondencias corporales: Cavidad pélvica, órganos reproductores, riñones, vejiga; todos los humores: sangre, linfa, jugos digestivos, esperma.
Glándulas correspondientes: órganos sexuales.
Mantra: VAM
Yoga: Tántrico.

MANIPURA CHAKRA

Aquello que nos apena es un bloqueo constante a la fuerza de voluntad que no es más que Shakti intentando expresar las grandes virtudes que tenemos, el no reconocer partes de nuestra vida es no admitir nuestro propio ser, es negarle la oportunidad a Shakti de encontrar a su amado Shiva.

También conocido como chakra del plexo solar, se encuentra a dos dedos por encima del ombligo; se abre hacia delante. Su nombre quiere decir "la ciudad de las gemas", es el centro del poder personal de la voluntad, el control y coordinación.

Un exceso de energía vuelve a las personas obstinadas, testarudas e impertinentes, poca energía no permite realizar planes e ideas y tenemos que buscar frecuentemente fuentes de energía sustituta. El equilibrio energético produce una perfecta coordinación entre los distintos sistemas, asimilación correcta de los nutrientes de los alimentos y aprovechamiento de la energía del cuerpo.

Color: Amarillo.
Elemento: Fuego.
Función sensorial: Vista.
Símbolo: Loto de diez pétalos.
Principio Básico: Configuración del ser
Correspondencias corporales: Parte inferior de la espalda, cavidad abdominal, sistema digestivo, estómago, hígado, bazo, vesícula biliar, sistema nervioso vegetativo.
Glándulas correspondientes: Páncreas, hígado.
Mantra: Ram
Yoga: Kármico.

ANAHATA CHAKRA

El amor está localizado en el corazón, esa expresión de Shakti que permite conectarnos de una forma trascendental con los demás se ve bloqueado por la avaricia. El amor es una forma de energía, y no desaparece aunque aquello que amamos no esté con nosotros, sigue dentro del corazón manifestándose en la vida con nuevas formas, debemos permitir que el dolor fluya y nos libere.

También conocido como el chakra del corazón, su nombre quiere decir "imbatible". Se encuentra ubicado a la altura del corazón, en el centro del pecho y abre hacia delante. Es la sede del amor desinteresado, de la compasión, la trascendencia y el discernimiento. Es el chakra donde nuestra conciencia comienza a mirar hacia lo alto y para que la energía de los tres primeros chakras ascienda a funciones elevadas de creatividad.

Guarda una estrecha relación con Manipura Chakra, ambos se ven afectados por las emociones; las emociones negativas afectan evidentemente la digestión y el corazón. Si se encuentra bloqueado nuestras emociones no pueden fluir libremente y se dificulta tener un equilibrio emocional. La activación deficiente de este chakra lleva a buscar una atención inmoderada a nosotros mismos, pues la acción de los chakras inferiores es muy fuerte. El exceso de energía nos vuelve dependiente de los demás.

Color: Verde, rosa y dorado
Elemento: Aire.
Función sensorial: Tacto
Símbolo: Loto de doce pétalos.
Principio Básico: Entrega del ser
Correspondencias corporales: Corazón parte superior de la espalda, caja torácica, zona inferior de los pulmones, sangre y sistema circulatorio, piel.
Glándulas correspondientes: Timo
Mantra: Yam
Yoga: Bhakti.

VISUDDHA CHAKRA

Shakti fluye en armonía, siguiendo un camino virtuoso, veraz; en su camino se ve bloqueada por las mentiras que nos hacemos, no podemos mentir sobre la propia naturaleza, debemos aceptar lo que somos, tanto en virtudes como en defectos, es la única forma en la que podemos permitir que nuestra energía y la del universo fluyan en armonía.

Se encuentra entre la nuez y la laringe, nace de la columna vertebral cervical y se abre hacia delante. Su nombre quiere decir "centro de pureza", es el último chakra alojado sobre la columna vertebral. Este chakra nos permite transformar otros tipos de energía en gozo incondicional y percibir la realidad de los mundos interiores, es el que nos permite darnos cuenta de que vivimos en un plano físico y espiritual. El estar relacionado con el elemento éter, lo convierte en la puerta a lo milagroso.

Las funciones superiores de comunicación y expresión que son actos humanos por excelencia, se relaciona con la energía de este chakra. La respiración y la energía creadas en Anahata son transformados cualitativamente por visuddha en expresión. El desarrollo adecuado de visuddha permite hablar claramente y ser comprendido dando un gran poder de convencimiento. Está estrechamente relacionado con el hemisferio izquierdo del cerebro (nuestra parte racional).

Color: azul claro, argenta y verde azulado.
Elemento: Éter
Función sensorial: Oído
Símbolo: Loto de dieciséis pétalos.
Principio Básico: Resonancia del ser
Correspondencias corporales: Zona del cuello, zona cervical, barbilla, orejas, aparato del habla, conductos respiratorios, bronquios, zona superior de los pulmones, esófago y brazos.
Glándulas correspondientes: Tiroides.
Mantra: Ham
Yoga: Mántrico.

AJNA CHAKRA

Vivimos nuestra vida por medio de las percepciones de nuestros sentidos, esto genera una ilusión, la más grande ilusión de este mundo es la separación, creemos que las cosas existen de forma independiente, todo está conectado, aunque vivimos como si estuviéramos separados del todo, incluso la separación de los elementos que son 4 es una ilusión, es el todo purificado de forma diferente. El mundo de la ilusión es Shakti en su eterna danza, cambiando de forma, creando la ilusión de tiempo y de espacio.

También conocido como tercer ojo u ojo interior. Se encuentra ubicado un dedo por encima de la base de la nariz, en el centro de la frente y se abre hacia adelante. Su nombre significa "mando" pertenece al ámbito espiritual, es la sede de la inteligencia superior y la visión sobrenatural, nos pone en contacto con los mundos que trascienden nuestros sentidos. En Ajna reside la intuición que es la visión interior guiada por la sabiduría y el conocimiento de las fuerzas sutiles. Es donde reside el maestro interno que nos permite tomar las decisiones adecuadas en los diferentes aspectos de nuestra vida.

La activación correcta de este chakra nos da claridad mental, amplia nuestra perspectiva en algunos casos otorgando dones de clarividencia. Un desequilibrio de este chakra puede ser sutil como la perdida de la memoria o incluso llevarnos a la locura.

Color: Añil, amarillo y violeta.
Función sensorial: Todos los sentidos, incluso en forma extrasensorial.
Símbolo: Loto de 96 pétalos. (dos veces 48)
Principio Básico: Conocimiento del ser
Correspondencias corporales: Rostro; ojos, oídos, nariz, senos paranasales, cerebelo, sistema nervioso central.
Glándulas correspondientes: Glándula pituitaria.
Mantra: Om
Yoga: jnanaa, Yantra

SAHASRARA CHAKRA

Cuando ya se limpiaron los canales y Shakti puede fluir libremente somos capaces de encontrar la unidad, una vez que alcanzamos este estado, tenemos el control y consciencia de todas nuestras acciones; la energía cósmica pura fluye en nosotros en la forma de Shiva, inmutable siempre presente.

Para que Shakti pueda llegar a la unión con Shiva es necesario dejar atrás los apegos. Debemos dejar que esos apegos fluyan como el río, no impedir el camino de la kundalini en su ascenso.

La gran pregunta es ¿por que dejar lo que amamos?; a primera vista parece que lo que se nos pide es absurdo. Por un lado buscamos amor, y por otro se nos pide dejarlo; yoga es un camino que enseña a comprender que al permitir que la energía del cosmos fluya dentro de nosotros, debemos entregarnos por completo, creer que todo lo que existe en el universo es uno y que el amor nos rodea todo el tiempo. Esa ilusión de poseer el amor de alguien o el apego desmedido lo confundimos con amor, lo que es solo un espejismo. El verdadero amor incondicional que nos llena y satisface por completo solo se expresa cuando nos entregamos por completo a las fuerzas del universo; en donde Shiva y Shakti se vuelven uno.

Su nombre significa "el loto de los mil pétalos", se encuentra ubicado en nuestra coronilla y se abre hacia arriba. La apertura de este chakras nos ayuda a percibir la conciencia cósmica; sin embargo, este es resultado de un constante trabajo espiritual, ya que nos hace sentir una gran bondad a todo lo que nos rodea. Un desequilibrio en este chakra vuelve a la persona soberbia.

Color: Violeta, blanco u oro.
Símbolo: Loto de mil pétalos.
Principio Básico: Ser puro
Correspondencias corporales: cerebro.
Glándulas correspondientes: Glándula Pineal
Mantra: aunque no existe un sonido para este chakra puede utilizarse el mantra om.

"Shakti, la forma dinámica de la naturaleza, es una fuerza muy poderosa, que complementa las cualidades masculinas de Shiva. Su belleza y poder creador se manifiesta de forma sublime en una puesta de sol, el olor de una rosa, en un paisaje montañoso, en la grandeza del mar. Shakti ama con fuerza, da sentido al mundo, reafirma el potencial de nuestro verdadero ser. Su amor es la fuente de vida y nos aleja de todo peligro mortal."

VAYUS

La energía Shakti controla todas las funciones de nuestro cuerpo físico, la energía Kundalini que es trasmutada por los diferentes chakras, recorre nuestro cuerpo de 5 formas principales, estas manifestaciones de Shakti

La palabra vayu en la literatura Yoguica es usada para describir una corriente o impulso nervioso particular, que es una de las propiedades de los nervios. Estos vayus o corrientes nerviosas son receptoras o generadas por prana localizado en diferentes plexos en la porción simpatética del sistema autónomo. Cada plexo es un centro nervioso independiente, que puede recibir o generar un impulso nervioso.

Los cinco pranas principales o cinco tipos de fuerzas vitales, conocidos como Vayus dan el conocimiento a los practicantes de Yoga para despertar la kundalini, estos asumen cinco formas: (1) Prana, (2) Apana, (3) Samana, (4) Udana y (5) Vyana, de acuerdo con las diferentes funciones que realizan. El lugar de prana es el corazón; de apana, el ano; de samana, la región del ombligo; de udana, la garganta; mientras que vyana está en todo y se mueve por todo el cuerpo.

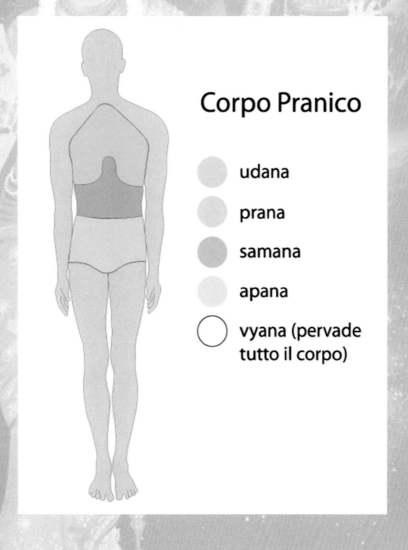

Corpo Pranico

- udana
- prana
- samana
- apana
- vyana (pervade tutto il corpo)

Estos cinco pranas funcionan a través de cinco centros nerviosos subsidiarios en el cerebro y la espina.

Prana su función es la respiración y su color es como el de una gema roja; a través del punto cervical del sistema nervioso autónomo gobierna el mecanismo verbal y el aparato vocal, los músculos respiratorios y el movimiento del esófago.

Apana Prana su color es una mezcla de blanco y rojo; controla mayormente la acción automática del aparato excretor del cuerpo como los riñones, vesícula, genitales, colon y recto de la porción lumbar del sistema autónomo.

Samana Prana su color es como la leche pura cristalina; realiza la digestión, controla las secreciones del sistema digestivo; del estomago, hígado, páncreas e intestinos a través de la porción simpatética del sistema autónomo en la región torácica.

Udana Prana es de un color blanco liso, permite deglutir (tragar la comida), funciona sobre la laringe y controla todas las funciones automáticas que están debajo de la división cefálica del sistema nervioso autónomo. También asume la función que hace que el individuo duerma y funciona como una fuerza psíquica que separa el cuerpo astral del cuerpo físico a la hora de la muerte.

Vyana Prana prevalece en todo el cuerpo. Desempeña la función de la circulación de la sangre y se asemeja al color violeta, este prana controla los movimientos voluntarios e involuntarios de los músculos de todo el cuerpo y de las articulaciones y estructuras a su alrededor. Ayuda también a mantener el cuerpo entero en posición erecta generando reflejos inconscientes a lo largo del cordón espinal.

Durante los ejercicios de pranayama, la inhalación de aire genera prana vayu y apana vayu es generado por el proceso de exhalación. El prana vayu es un impulso eferente que va al cerebro o centros nerviosos y apana vayu es un impulso aferente que se mueve lejos desde el cerebro o centros nerviosos. Durante la retención en pranayama, el Yogui une prana y apana vayu (impulsos nerviosos eferente y aferente) en el chakra muladhara (plexo pélvico), entonces este centro puede actuar como dinamo, mandando tremendas cantidades de energía pránica para estimular la poderosa energía kundalini enrollada y dormida en este chakra.

Cuando la kundalini se activa trata de subir a través del canal interno Sushumna. Este es el primer despertar de la kundalini Shakti. Cuando Kundalini se despierta, varias reacciones pueden ocurrir en el cuerpo. Al principio el canal de sushumna en la columna vertebral no está bien abierto y esto causara un gran inconveniente para que la kundalini ascienda.

Om Namah Shivaya—Om Shakti Namaha

"Ningún enemigo, arma, veneno o terrible enfermedad puede enfadar alguien como las palabras duras. Ninguna luna, agua, pasta de sándalo, o fresca brisa puede refrescar a alguien como las palabras dulces lo hacen"

Subhashitarnara

EL PODER DE LA PALABRA: MANTRAS

Según la leyenda, algunos enemigos deseaban destruir a *Shiva*. Enviaron al enano *Mulayaka*, llamado el diablo del olvido y encarnación del mal. Para combatirlo, *Shiva* inició su danza cósmica, subyugando al demonio y liberando al mundo. *Shiva* salta sobre el enano y le aplasta la espalda con un pie. Esta es la pose de *Shiva Nataraja* que tiene tanto significado. Esa pose simboliza las actividades divinas de Dios.

Se debe dejar que los mantras fluyan en tu interior, como las Danza de Shiva, combatiendo toda esa energía estancada, permitiendo que tu cuerpo sea liberado, y que la luz divina que existe dentro de ti, brille con toda su fuerza.

Olvidar de dónde venimos es el peor de los males, los mantras nos ayudan a contactar con nuestra energía, expresa mediante sonidos la forma en la que la energía debe ser transformada, de esta manera nos conectamos con toda la creación. La palabra mantra proviene de las raíces manas que significa "mente" y trai "proteger" o "liberar de" el significado literal podría expresarse como "Liberar la Mente"

Al ser una práctica antigua, se han generado diferentes explicaciones en torno a los mantras, en esencia es una herramienta mental que nos ayuda a liberarnos de hábitos mentales condicionados y la sumisión a cualquier circunstancia de la vida. Los mantras están muy relacionados con la energía, se utilizan para romper los patrones insanos y negativos en nuestro cuerpo físico y mental y crean nuevos patrones energéticos positivos.

Aunque en esencia los mantras buscan liberar la mente, lo hacen enfocando su energía en ciertos aspectos particulares, esto ha hecho que se clasifiquen en diferentes grupos, mantras semilla, mantras para atraer amor, mantras para generar cambios físicos, del karma planetario, para la salud, para manejar el miedo, para la ansiedad, para otras condiciones no deseables, entre otros.

¿CÓMO FUNCIONAN LOS MANTRAS?

El mantra es un sonido o sonidos que resuenan en el cuerpo y evocan ciertas energías, estimulan los chakras trabajando en la mente y despertando los sentidos. Este proceso de entonación trabaja en el mundo físico aún cuando no sepamos lo que decimos, pues los mantras son mas energía que significado. Hay 50 letras en el alfabeto sánscrito, estas letras corresponden a los 50 pétalos de los seis chakras principales desde la base de la columna al entrecejo. Cuando un mantra en sánscrito es pronunciado, los pétalos correspondientes a las letras contenidas en el mantra vibran en resonancia espiritual, esto dispara una cascada de efectos energéticos.

Al pronunciar los mantras atraemos las vibraciones de todo el universo para lograr el propósito deseado. La manera de pronunciar un mantra cuando somos principiantes es hacerlo 11, 21, 51 ó 108 veces, y si se desea puede hacerse más veces, pero siempre en múltiplos de 108 veces. Entre más se pronuncie un mantra más energía atraemos a nuestro ambiente, al cuerpo, a la mente y al espíritu, lo cual gradualmente hará que vivamos en sintonía con la energía invocada.

De acuerdo con Ashley Farrand, "El numero 108 se usa en las enseñanzas védicas aseguran que hay 108 canales principales astrales que dentro del cuerpo sutil van desde el corazón hacia el resto del cuerpo sutil. Estos canales pueden ligarse a los pasajes astrales nerviosos o a las venas al pronunciar un mantra 108 veces envías energía a cada uno de los canales"

Cuando cantas mantras te has ubicado en una situación donde las fuerzas espirituales trabajan. En primer lugar, esta trayendo hacia dentro energía del "alrededor cercano" espiritual y estas procesando energía kundalini hacia los chakras. En segundo lugar, la energía nueva que llega, desplaza la basura acumulada, la remueve y la desvanece de tu mundo energético. Mientras los patrones de energía sucia se liberan, ocasionalmente causa que pensamientos o emociones surjan.

Aunque existen muchos mantras el Gayatri Mantra es uno de los más importantes ya que representa los diferentes planos espirituales. El Gayatri Mantra es una meditación sencilla en la luz espiritual, sirve para alcanzar la iluminación de la mente y el intelecto.

Gayatri Mantra versión corta:

> ***Om Bhuh Bhuvaha Swaha,***
> ***Tat Savitur Varenyam,***
> ***Bhargo Devasya Dhimahi***
> ***Dhiyo Yonaha Pracodayat***

"O luz autoresplandeciente, que has dado vida a todos los lokas (esferas de conciencia), que eres digna de veneración y apareces a través de la órbita del sol, ilumina nuestro intelecto."

"Abre tus manos deshazte de todo lo innecesario. Una vez que tus manos se encuentren vacías, tendrás espacio para recibir todo lo que el universo tiene para ti. Expresa con tus manos lo que el corazón tiene que decir y deja que el universo fluya e inunde todo tu ser"

RAM

CANALIZANDO LA ENERGÍA: MUDRAS

Mudra literalmente significa "gesto"; una actitud física, mental y psíquica que expresa y canaliza (el flujo hacia o dentro de un canal) energía cósmica dentro de la mente y el cuerpo. Los cinco elementos están representados en los cinco dedos. Pulgar-Fuego, índice-aire, medio-éter, anular-tierra, meñique-agua. También los cinco chakras están representados en los cinco dedos. Pulgar-manipura, índice-anahata, medio-visuddha, anular-muladhara meñique-swadhisthana. Existen muchos diferentes tipos de mudras de las manos, la lengua y bandhas.

Los mudras son utilizados principalmente para la meditación, estos gestos son muy importantes porque nos permiten canalizar adecuadamente la energía a través de nuestro cuerpo ayudando a conseguir objetivos espirituales, físicos o sanación emocional.

Hay mudras que involucran todo el cuerpo, aunque también hay algunos muy poderosos que solo requieren de nuestras manos para alcanzar nuestros objetivos. Una ventaja de los mudras es que no se necesita gran habilidad, solo una práctica constante.

Debido a sus diferentes cualidades de cada uno de ellos, es recomendable utilizarlos durante un tiempo considerable, por lo menos una vez al día como mínimo. Es importante mencionar que son una forma de canalizar la energía que ya existe en nuestro cuerpo.

En las manos, están reflejados todos nuestros puntos corporales y las diferentes posiciones ayudan a desbloquear aquellos que estén inarmónicos.

CHIN MUDRA (GESTO PSÍQUICO DE CONSCIENCIA)

La palabra sánscrita chin significa "consciencia"; por lo tanto esta posición de las manos se traduciría como la "actitud de la consciencia"

El dedo índice puede estar colocado en la raíz del pulgar o en la punta. En chin mudra las manos son colocadas para que las palmas vean al cielo con el dorso de la mano descansando en las rodillas. Los dedos que no se flexionaron deben apuntar fuera del cuerpo, en señal de que la energía está activa.

Este Chin mudra también es conocido como mudra del conocimiento. Es muy común encontrarlo en estatuas o imágenes de divinidades hindúes. Es un mudra fabuloso para todo aquello que tenga que ver con la mente.

En el plano emocional, ayuda en el flujo de energía corporal para que circule equilibradamente. En el plano mental, fortalece la memoria y estimula la inteligencia. A nivel espiritual permite al practicante unir su alma con el todo, es decir despertar la consciencia.

ATMANJALI MUDRA

Coloca ambas manos juntas en frente del chakra del corazón. Deja un pequeño espacio hueco entre las dos palmas. Al principio o al cierre de la meditación, por un rato mantente sentado o parado con tus brazos extendidos y elevados al Cielo.

Colocar tus manos juntas enfrente del pecho mantiene una conexión interna y crea armonía, balance, reposo, silencio y paz. Este gesto activa y armoniza la coordinación de los dos hemisferios, derecho e izquierdo del cerebro. Con este gesto expresas reverencia y gratitud. En India, es un gesto para saludar y agradecer, muestra respeto por los seres humanos.

Este mudra también es muy conocido en muchas regiones del mundo porque está relacionado con la oración y el ruego por una concesión divina. En el plano físico, introduce y regenera la energía corporal fortaleciendo nuestro sistema inmunológico, aporta fuerza y vitalidad. En el plano mental calma nuestra mente y clarifica los pensamientos, permitiendo que ambos hemisferios del cerebro trabajen coordinados. En el plano emocional establece un equilibrio, una gran paz interior, además de relajarnos y tranquiliza las emociones. En cuanto a la espiritualidad se refiere. Nos pone en contacto con nuestra divinidad y la energía que tiene para nosotros.

"Para aquel que es capaz de controlar la mente, es la mejor de las amigas, pero para aquel que ha fallado en hacerlo, se mantiene como la peor de las enemigas"

Bhgavad Gita

EPÍLOGO

Las diferentes formas de manifestación de la energía, son entendidas cuando somos capaces de ver el encuentro de los opuestos interactuando en nuestro interior.

Cuando Shakti se encuentra con Shiva, comienza la danza para su amado y el amor que emana de su danza, despierta a Shiva, este se une a su baile y ambos se juntan en un solo Ser, transformándose en luz y volviendo a la luz original. Es la unión del Uno con el Todo.

Aunque los seres humanos hacemos las cosas difíciles, creemos que entre mas complicadas es mejor. El ver los flujos y transformaciones de la energía como una danza, somos capaces de mezclarnos con toda la existencia.

Cuando se descubre que todo fluye, nuestro cuerpo, mente y emociones, que están conectados, sabemos que hemos entendido como se expresa la energía. La relajación nos caracteriza, somos conscientes y estamos en movimiento. Estamos conectados con la vibración sutil en cada partícula de nuestro cuerpo.

Con el conocimiento de los flujos de energía, se puede desbloquear estos canales y centros de energía, con el tiempo poco a poco el cuerpo se va haciendo más sensible y podemos mantener esta unión en nuestra vida diaria. Descubrimos que al entender la danza de Shiva y Shakti, los problemas que tenemos ya no significan lo mismo, ya no les tenemos miedo, no nos angustiamos ante la idea de lo que puede suceder. Esto nos lleva a un crecimiento de la sensibilidad.

En este proceso de autoconocimiento, nos damos cuenta que no es necesario controlar la energía, solo necesitamos entenderla, dejarla fluir y circular las emociones.

En conclusión lo que buscamos con la unión de Shiva y Shakti es crear un espacio amoroso constante. Cuanto más reconocemos nuestro propio ser y como funciona, es más fácil ser feliz. Este proceso de autoconocimiento es como un juego, nunca sabes que puedes descubrir al integrarte. Pueden haber más preguntas ahora que al principio de este libro. El yoga es un método que mediante diferentes técnicas de autocontrol y autoconocimiento, permite que estas preguntas se resuelvan solas.

Somos un espacio infinito, en el centro hay luz, está envuelto en un caparazón de conceptos y el yoga nos ayuda quitarnos esa coraza y darnos cuenta del espacio.

SOBRE MAHA YOGA

Es un magnifico lugar, donde se puede experimentar en forma directa un nuevo estilo de vida con mayor atención, relajación y alegría.

Los programas, cursos y talleres en su totalidad son elaborados con el fin de crear una transformación, para ser capaces de participar creativamente en la vida cotidiana, relajarse en silencio y meditar.

Para mayor información contactar:

email: *mahayoga@live.com*

Facebook: *Maha_Yoga*

Twitter: *@mahayogaoficial*

Printed in the United States
By Bookmasters